मक्कार भेड़िया और अन्य नैतिक कथाएँ

मक्कार भेड़िया और अन्य नैतिक कथाएँ

संपादक
कामिनी गायकवाड़

the kid books

अनबाउंड स्क्रिप्ट का उपक्रम

मक्कार भेड़िया और अन्य नैतिक कथाएँ

प्रथम संस्करण 2023

ISBN : 978-93-92088-69-8

प्रकाशक

अनबाउंड स्क्रिप्ट

2/41, अंसारी रोड, दरियागंज, नई दिल्ली–110002

वेबसाइट: www.unboundscript.com

ई-मेल: books@unboundscript.com

फोन नं.: 011-35807601

Printed in India

Makkar Bhediya Aur Anya Naitik Kathayen

Edited by Kamini Gayakwad

मूल्य : ₹199/-

परिचय

प्यारे बच्चो! इन नैतिक कथाओं का इतिहास हज़ारों साल पीछे तक फैला है। इनकी यात्रा बहुत लम्बी रही है, इतनी कि अलग-अलग देशों के लोग इसे अपनी कथा कहते हैं। आप तो जानते हैं कि लोग हर अच्छी चीज़ को अपनी कहते हैं। आप भी कहते होंगे। लेकिन जब कोई चीज़ अमूल्य हो तो वह किसी व्यक्ति या देश की संपत्ति न होकर पूरी इंसानियत की संपत्ति होती है। ये कथाएँ सदियों से इंसानों का नैतिक संस्कार करती आयी हैं। निश्चय ही आप इनसे अच्छाइयाँ सीखेंगे। आपके लिए इन्हें बेहद सरल भाषा में और सुन्दर चित्रांकन के साथ दिया जा रहा है।

बच्चों में
नैतिकत मूल्य विकसित
करने वाली बहुअमूल्य
कहानियाँ

क्रम

- व्यापारी और गधा
- शेर की खाल में गधा
- प्यासा कौवा
- एकता में बल
- लकड़हारा और कुल्हाड़ी
- दयालु रानी
- सारस और मोर
- लालची गीदड़ और कछुआ
- गीदड़ और ऊँट
- मंत्री की खोज
- गाँव का कंजूस
- *खलीफा और मसखरा*
- जादुई छड़ी
- बड़बोला मेंढ़क
- गिलहरी और पर्वत
- उल्लू और बाज
- गधे की छाया
- बुद्धिमान मछुआरा
- मुनाफे का सौदा
- मक्कार भेड़िया
- कटी उँगली वाला राजा
- शेर और चूहा

व्यापारी और गधा

नमक के एक व्यापारी के पास एक गधा था। वह रोज सुबह अपने गधे पर नमक की बोरियाँ लादकर आस-पास के गाँवों मे नमक बेचने ले जाता था।

आसपास के गाँवों में जाने के लिए उसे कई नाले और छोटी-छोटी नदियाँ पार करनी पड़ती थीं। एक दिन नदी पार करते समय गधा अचानक पानी में गिर पड़ा। इससे गधे के शरीर पर लदा हुआ ढेर-सारा नमक पानी में घुल गया। अब गधे का बोझ काफी हल्का हो गया। काफी नमक गल जाने से उस दिन गधे को काफी आराम मिला।

दूसरे दिन फिर व्यापारी रोज की तरह गधे पर नमक की बोरियाँ लादकर नमक बेचने निकला। उस दिन पहले नाले को पार करते समय गधा जानबूझ कर पानी मे बैठ गया।

उसकी पीठ का बोझ फिर हल्का हो गया। व्यापारी उस दिन भी गधे को लेकर वापस लौट आया। पर व्यापारी के समझ में आ गया कि आज गधा जानबूझकर पानी मे बैठ गया था। उसे गधे पर बहुत गुस्सा आया। इसलिए उसने गधे की खूब पिटाई की।

उसने कहा, "तू मुझसे चालाकी करता है। मैं तुझे सबकसिखाऊंगा।"

अगले दिन व्यापारी ने गधे पर रूई के बोरे लादे। गधे ने फिर वही तरकीब आजमाने की कोशिश की। नाला आते ही वह पानी मे बैठ गया। इस बार नमक का ठीक उलटा हुआ। रूई के बोरों ने खूब पानी सोखा और गधे की पीठ का बोझ पहले से कई गुना बढ़ गया। पानी से बाहर आने में गधे को खूब मेहनत करनी पड़ी।

उस दिन के बाद से गधे ने पानी मे बैठने की आदत छोड़ दी।

शिक्षा – मूर्ख सबक सीखने पर ही समझते हैं।

शेर की खाल में गधा

किसी गाँव में एक धोबी रहता था। उसके पास एक गधा था। वह गधे पर दिन भर बोझ लादता था। परन्तु, गरीबी के कारण उसके खाने-पीने की व्यवस्था नहीं कर पाता था। गधा इधर-उधर घास चरकर अपना पेट भरता था।

एक दिन धोबी को जंगल में एक मरे हुए शेर की खाल मिली। उसे देखकर धोबी ने सोचा कि अगर मैं यह खाल अपने गधे को ओढ़ा दूँ, तो लोग इसे शेर समझकर डरेंगे। इस तरह यह आराम से किसी के खेत में घास चर सकेगा।

उसने शेर की खाल उठा ली। उसके बाद से हर रात वह अपने गधे को शेर की खाल ओढ़ाकर गाँव के खेत में छोड़ने लगा। शेर की खाल में गधे को लोग शेर समझते और डर के मारे उससे दूर रहते थे। गधा मज़े से रात पर खेत में घास चरकर सुबह घर आ जाता। गधा और धोबी दोनों ख़ुश थे। दोनों के दिन बड़े मज़े से बीत रहे थे।

एक रात गधा हमेशा की तरह शेर की खाल ओढ़कर खेत में चरने घुसा। वह मज़े से घास चर रहा था कि कहीं से उसे किसी अन्य गधे के रेंकने की आवाज़ सुनाई पड़ी। उसका भी मन रेंकने को मचल उठा और सब कुछ भूलकर रेंकने में लगा।

उसका रेंकना सुनकर खेत का मालिक सारी बात समझ गया। और गधे को इतना पीटा कि वह मर गया।

शिक्षा – उपरी वेश बदल लेने से किसी का स्वभाव नहीं बदल जाता।

प्यासा कौवा

एक समय की बात है। एक प्यासा कौवा पानी की खोज में तड़प रहा था। वह प्यास के कारण अधमरा हो गया था। उसे लगा जैसे अंतिम साँसें गिन रहा है।

तभी उसकी नज़र एक पानी के घड़े पर पड़ी। पानी का घड़ा देखकर लगा मानो उसे जीवन दान मिल गया। लेकिन जब वह घड़े के पास पहुँचा तो उसने देखा कि पानी घड़े के बहुत अंदर है। और उसकी चोंच से पानी मिलना असंभव है।

कौवे ने बार-बार कोशिश की पर असफल रहा।

आखों के सामने पानी था लेकिन पहुँच से दूर।

वह पहले से ज्यादा निराश हो गया।

कुछ समय तक घड़े को देखते-देखते कौवे की नजर घड़े के पास पड़े कंकड़ पर पड़ी और उसे एक तरकीब सूझी।

उसने सोचा, अगर मेहनत करके एक-एक कंकड़ घड़े में डाले तो पानी ऊपर आ सकता है। उसने पूरी कोशिश और ध्यान से कंकड़ को पानी में फेंकना शुरू किया।

धीरे-धीरे पानी ऊपर आने लगा। थोड़ी और कोशिश से पानी ऊपर आ गया और वह पानी पीने में सफल हो गया।

शिक्षा – बुद्धि और कोशिश से सबकुछ हो सकता है।

एकता में बल

किसी गांव में एक बूढ़ा किसान रहता था। उस किसान के चार बेटे थे। किसान बहुत मेहनती था और किसान का यही गुण उसके चारों बेटों में भी आया था। किसान के चारों बेटे दिन भर खेत में मेहनत करते थे और ईमानदारी से अपना जीवन व्यतीत कर रहे थे। सब कुछ ठीक चल रहा था। पर इन सब में एक कमी थी और वो यह, कि किसान के चारों बेटों में मनमुटाव रहता था और वे मिलजुल कर नहीं रह सकते थे। वे हर छोटी बात पर आपस में लड़ पड़ते थे और हमेशा कोई न कोई बाहरी व्यक्ति उनके इस मनमुटाव का फायदा उठा लेता था। किसान इस बात से बहुत दुखी रहता था और उन्हें एक साथ मिलजुल कर रहने की हिदायतें दिया करता था।

किसान मरने से पहले अपने बेटों को एकता और ख़ुशी से रहते देखना चाहता था। उसने सोचा और इसके बारे में एक योजना बनाई। अगले दिन उसने अपने चारों बेटों को अपने पास बुलाया। किसान के आज्ञाकारी पुत्र उसके सामने आ खड़े हुए और उसके आदेश का इंतजार करने लगे। तभी किसान ने उन सब के हाथों में एक-एक लकड़ी दी।

किसान के बेटे यह देख कर असमंजस में पड़ गए। उन्हें समझ में नहीं आया, कि उनके पिता के मन में क्या चल रहा है।

उन्होंने अपने पिता से पूछा, "पिताजी आपने हमें ये लकड़ियां क्यों दीं हैं?" इस पर किसान ने उनसे कहा, "मैं चाहता हूं कि तुम सब अपना बल दिखाओ और इन लकड़ियों को तोड़ डालो।" चारों भाईयों ने एक-दूसरे का चेहरा देखते हुए कहा, "यह तो बहुत मामूली काम है, यह तो चुटकियों में हो जाएगा।" और फिर किसान के चारों बेटे अपने-अपने हाथ में पकड़ी हुई लकड़ियों को क्षण भर में तोड़ दिया। यह देखकर किसान मुस्कुराने लगा। चारों भाई पिता की रहस्यमई मुस्कराहट देखकर दुविधा में पड़ गये। अब किसान ने अपने पुत्रों के सामने लकड़ियों की एक गठरी रख दी। लकड़ी की गठरी को देखकर चारों बेटों ने पिता से पूछा, "पिताजी इन लकड़ियों को भी तोड़ना है क्या? लाइए, हम अभी तोड़ देते हैं।" इस पर किसान ने कहा, "मैं चाहता हूं, कि जो तुम में सबसे ज्यादा बलवान है, वह इस लकड़ी की गठरी को तोड़कर दिखाये।" यह सुनते ही किसान के चारों बेटे आपस में फिर से लड़ पड़े और चारों का यही कहना था, कि मैं सबसे ज्यादा बलवान हूं। इस पर किसान ने थोड़ी नाराजगी दिखाई

और उनसे कहा, "अभी पता चल जाएगा, कि कौन सबसे ज्यादा बलवान है। तुम सबको बारी-बारी से इस लकड़ी की गठरी को तोड़ना है और अपनी शक्ति का प्रदर्शन करना है।"

यह कहकर किसान ने अपने सबसे बड़े बेटे को बुलाया और लकड़ी की गठरी को तोड़ने के लिए कहा। किसान के बड़े बेटे ने अपनी मूछों पर ताव दिया और गठरी को तोड़ने का प्रयास करने लगा। बहुत प्रयास करने के बाद भी लकड़ियां नहीं टूटीं। उसने और कोशिश की, उसके सर पर पसीने

आने लगे, फिर भी लकड़ियां नहीं टूटीं। यह देख कर बाकी के तीनों भाई उस पर हँसने लगे।

फिर किसान ने अपने दूसरे बेटे को बुलाया और उसे लकड़ियाँ तोड़ने को कहा। दूसरे बेटे ने भी लकड़ी की गठरी को तोड़ने की कोशिश शुरू कर दी। वह काफी देर तक कोशिश करता रहा कि गठरी टूट जाए। पर उसे नहीं टूटना था, तो नहीं टूटी। दूसरे बेटे ने अपने बड़े भाई को देखा और वापस अपनी जगह पर आ गया।

फिर किसान ने अपने तीसरे बेटे को बुलाया। दोनों भाइयों की तरह तीसरे बेटे ने भी अपनी पूरी ताकत लगा दी, पर लकड़ी की गठरी को तोड़ नहीं पाया। जब बहुत कोशिश करने के बाद भी लकड़ी की गठरी न टूटी, तो वह शर्मिंदा होकर अपनी जगह पर वापस आ गया।

अब चौथे भाई की बारी थी। तीनों भाइयों को विफल हुआ देख वह पहले ही हताश हो चुका था। फिर भी पिता के आदेश पर गठरी को तोड़ने का प्रयास करने लगा और खुद को साबित करने के लिए उसने भरसककोशिश भी की । पर लकड़ियों की गठरी उससे भी नहीं टूटी।

चारों भाई एक दूसरे को देखने लगे। अब

किसान ने अपने चारों बेटों की ओर बारी-बारी से देखा तो पाया, कि सभी अपनी-अपनी असफलता से दुखी हैं। इस पर किसान ने उनसे कहा, "जब व्यक्ति अकेला होता है, तब वह कमजोर होता है, उसे हराना आसान होता है। वहीं जो लोग आपस में मिल जुल कर रहते हैं, उन्हें कोई हरा नहीं सकता। तुम चारों भाई इन चार लकड़ियों के समान हो। अगर तुम चारों अलग-अलग रहोगे और आपस में झगड़ते रहोगे, तो कोई भी बाहरी व्यक्ति तुम्हें बिल्कुल वैसे ही तोड़ सकता है, जैसे तुमने अकेली लकड़ियों को तोड़ा था। अगर तुम चारों मिल जुल कर रहोगे, तो तुम्हारी ताकत भी इस लकड़ी की गठरी के समान हो जाएगी और कोई भी तुम्हें तोड़ नहीं पाएगा, क्योंकि एकता में ही बल है।"

चारों पुत्र अपने पिता के मन की बात समझ चुके थे।

शिक्षा – संगठित लोगों को कोई नहीं तोड़ सकता।

लकड़हारा और कुल्हाड़ी

किसी नगर में एक लकड़हारा रहता था। वह रोज लकड़ी काटने के लिए जंगल जाता और उन्हें बेचकर जो पैसे मिलते उनसे अपने लिए रासन खरीद लेता था। उसकी दिनचर्या सालों से ऐसी ही चल रही थी।

एक दिन लकड़हारा जंगल में बहती नदी केकिनारे एक पेड़ की टहनियों को काटने चढ़ा। टहनियाँ काटते-काटते उस लकड़हारे की कुल्हाड़ी नीचे गिर गई।

लकड़हारा तेज़ी से नीचे उतरा और अपनी कुल्हाड़ी ढूंढने लगा। उसे लगा कि नदी के आसपास कहीं उसकी कुल्हाड़ी गिरी होगी और ढूंढने पर मिल जाएगी। वास्तव में ऐसा कुछ हुआ नहीं, क्योंकि उसकी कुल्हाड़ी पेड़ से सीधा नीचे नदी में जा गिरी थी। वह नदी काफी गहरी और तेज़ बहाव वाली थी।

काफी देर तक लकड़हारा अपनी कुल्हाड़ी को ढूंढता रहा, लेकिन जब नहीं मिली, तो उसे लगा कि अब उसकी कुल्हाड़ी उसे वापस नहीं मिलेगी। वो दुःखी हो गया। लकड़हारे को पता था कि उसके पास इतने पैसे भी नहीं हैं कि वो नई कुल्हाड़ी खरीद सके। वह रोने लगा। लकड़हारे की रोने की आवाज सुनकर वहां नदी देवता आ गए।

उन्होंने लकड़हारे से पूछा, 'बेटा! क्या हो गया, तुम इतना क्यों रो रहे हो। क्या तुमने इस नदी में कुछ खो दिया? नदी देवता का सवाल सुनते ही लकड़हारे ने उन्हें अपनी कुल्हाड़ी गिरने की कहानी सुना दी। नदी के देवता ने पूरी बात सुनते ही कुल्हाड़ी को ढूंढने में लकड़हारे की मदद करने की बात कही और वापस नदी में चले गए।

कुछ देर बाद नदी के देवता नदी से बाहर आए और लकड़हारे से कहा कि “मैं तुम्हारी कुल्हाड़ी लेकर आ गया हूँ”। नदी देवता की बातें सुनकर लकड़हारे के चेहरे पर मुस्कान आ गई। तभी लकड़हारे ने देखा कि नदी के देवता ने अपने हाथों में सुनहरी कुल्हाड़ी ले रखी है। दुखी मन से लकड़हारे ने कहा, “यह सुनहरी कुल्हाड़ी मेरी नहीं है। सोने की कुल्हाड़ी जरूर किसी अमीर इंसान की रही होगी।” लकड़हारे की बात सुनकर नदी के देवता दोबारा नदी में चले गए।

कुछ देर बाद नदी देवता दोबारा नदी से बाहर निकले। इस बार उनके हाथों में चांदी की कुल्हाड़ी थी। उस कुल्हाड़ी को देखकर भी लकड़हारे को खुशी नहीं हुई। उसने कहा कि ये भी मेरी कुल्हाड़ी नहीं है। मुझे तो अपनी ही कुल्हाड़ी ढूंढनी है। इस बार भी लकड़हारे की बात सुनकर नदी देवता वहां से चले गए।

देवता इस बार काफी देर बाद बाहर आए। अब देवता को देखते ही लकड़हारे के चेहरे पर बड़ी सी मुस्कान थी। उसने नदी देव से कहा कि इस बार आपके हाथ में लोहे की कुल्हाड़ी है और लग रहा है कि ये मेरी ही कुल्हाड़ी है। आप ये कुल्हाड़ी मुझे दे दीजिए।

लकड़हारे की ईमानदारी देखकर नदी देवता को अच्छा लगा। उन्होंने लकड़हारे से कहा कि तुम्हारे मन में बिल्कुल लालच नहीं है। चांदी की कुल्हाड़ी को भी तुमने लेने से इनकार कर दिया। तुम्हारे पवित्र और सच्चे मन से मैं प्रभावित हुआ। मैं तुम्हें उपहार में सोने और चांदी की दोनों कुल्हाड़ी देना चाहता हूं। तुम अपनी लोहे की कुल्हाड़ी के साथ इन्हें भी अपने पास अपनी ईमानदारी के तोहफे के तौर पर रख लो।

शिक्षा – ईमानदारी सबसे लाभदायक चीज़ है।

दयालु रानी

जंगल में एक पेड़ पर सुनहरी चिड़िया रहती थी। जब वह गाती थी तो उसकी चोंच से सोने के मोती झरते थे। एक दिन एक चिड़ीमार की नज़र उस पर पड़ गई। चिड़िया के मुंह से सोने के मोती झरते देखकर वह खुशी से फूला नहीं समाया। उसने मन ही मन कहा, 'वाह! वाह! आज तो मेरे भाग्य खुल गए। अगर मैं इस चिड़िया को पकड़ लूँ तो यह मुझे रोज़ सोने के मोती देगी और मैं जल्दी ही धनवान हो जाऊँगा।'

मन में यह ख्याल आते ही चिड़ीमार ने जमीन पर जाल फैलाकर चावल के कुछ दाने बिखेर दिए। सुनहरी चिड़िया दाना चुगने नीचे उतरी और जाल में फँस गई। चिड़ीमार ने उसे पकड़ लिया और अपने घर ले आया।

उस दिन से चिड़ीमार को रोज सोने के कुछ मोती मिलने लगे। देखते ही देखते वह धनवान हो गया।

अब उसके पास धन तो बहुत था, किंतु सम्मान नहीं था। यह बात उसे बेहद परेशान करती थी कि लोग अब भी उसे चिड़ीमार ही बुलाते थे।

वह सोचता कि ऐसा क्या करूँ कि लोग मेरा सम्मान करें। एक दिन उसके दिमाग में विचार आया। उसने चिड़िया के लिए सोने का एक सुंदर सा पिंजरा बनवाया और सोने के पिंजरे सहित वह चिड़िया राजा को भेंट कर दी।

उपहार देते समय उसने राजा से कहा, "महाराज, यह चिड़िया आपके महल में मधुर गीत गाएगी और रोज आपको सोने के मोती भी देगी।"

यह उपहार पाकर राजा बहुत प्रसन्न हुआ।

उसने चिड़ीमार को दरबार में ऊंचा पद दे दिया।

जल्दी ही राजा के पास ढेर सारे सोने के मोती जमा हो गए। राजा ने सोने के पिंजरे सहित वह चिड़िया अपनी प्रिय रानी को दे दी। रानी ने

पिंजरे का दरवाजा खोलकर चिड़िया को आजाद कर दिया और सोने का पिंजरा शाही सुनार को देकर कहा, "इस सोने के पिंजरे से मेरे लिए सुंदर-सुंदर गहने बना दो।"

आजाद होकर चिड़िया बोली- "रानी मां! तुम धन्य हो जो तुमने मुझे आजाद किया। तुम्हारे दिल में अपार दया है और लालच भी नहीं है। मुझे कैद में रहना बुरा लगता था।"

यह कहकर वह जंगल में उड़ गई।

अब वह रोज रानी का गुणगान करती है।

शिक्षा – दया सबसे बड़ा सदगुण है।

सारस और मोर

किसी झील के किनारे एक मोर रहता था। उसे अपने पंख बहुत सुंदर लगते थे।

एक दिन एक सारस भी वहीं रहने आ गया। मोर ने कहा, "तुम्हारा इस स्थान पर स्वागत है।"

अब मोर ने अपने पंख फैलाए। चमकीली धूप में उसके रंगीन पंख बहुत सुंदर लग रहे थे। झील के पानी में उनकी परछाई दिख रही थी।

वह अपने पंखों को देखकर गर्व से भर गया।

उसने अपने पंखों को फिर देखा और बोला, "मेरे पंख देखो। देखा, तुम्हारे पंखों से कितने सुंदर हैं ये।"

सारस ने मोर के घमंड को पहचान लिया। वह बोला, "मेरे पंख जैसे भी हों लेकिन उनकी सहायता से मैं उड़ तो लेता हूँ। तुम्हारी सुंदरता किसी काम की नहीं है। तुम अपने पंखों से उड़ तक नहीं सकते।"

सारस की सीधी-सरल बात से मोर को वास्तविकता का अहसास हो गया।

उसने फिर घमंड करना छोड़ दिया।

शिक्षा – सुंदरता ही सब कुछ नहीं है। उपयोगिता न हो तो सुंदरता भार है।

लालची गीदड़ और कछुआ

बहुत समय पहले एक घना जंगल था। जंगल के बीच से एक नदी बहती थी। उस नदी में भरपूर पानी था। नदी में एक कछुआ रहता था। कभी-कभी वह पानी से बाहर आता और किनारे पर चहलकदमी करता था। एक दिन एक गीदड़ घूमता हुआ उस नदी के किनारे आया। दिन भर उसे कोई शिकार नहीं मिला था। वह बहुत भूखा था।

उस दिन कछुआ अपने मित्रों के साथ नदी के किनारे घूमने निकला था। गीदड़ ने उसे देख लिया था। वह दल को देखकर धीरे-धीरे उनकी ओर आने लगा। वह दबे कदमों से आगे बढ़ रहा था और कछुआ पर झपटने की फिराक में था। इतने में उसे छींक आ गई।

छींकने की आवाज सुनते ही सभी कछुए झटपट नदी में चले गए। लेकिन वह कछुआ इधर-उधर देखने लगा कि क्या हुआ सभी कछुए भाग क्यों गए? इतने में गीदड़ उस पर झपटा और उसने कछुए को पकड़ लिया। अब गीदड़ कछुए को खाने का प्रयास करने लगा।

परंतु कछुए ने झट से अपने सभी अंग अंदर कर लिए ! कछुए की पीठ बहुत मजबूत होती है कहते हैं हमला करने वाले प्राणी के दांत भले ही टूट जाएँ पर कछुए की पीठ नहीं टूट सकती!

कछुए को एक युक्ति सूझी वह बोला भैया मेरी पीठ बहुत सख्त है अतः वह टूटेगी नहीं! आप मुझे पानी में डाल दीजिए। पानी में भीगते ही वह और नरम हो जाएगी। इसके बाद आप मुझे आसानी से खा सकते हो!

गीदड़ को यह बात ठीक लगी उसने उस कछुए को पानी में सरका दिया। कछुआ तो पानी का राजा होता है वह प्रवाह के बीच में पहुंचकर बोला कि भैया आप अक्लमंद हैं। लेकिन इसमें कोई शक नहीं है अक्लमंदी केवल आपकी ही बपौती नहीं है। इसे भगवान ने सभी को दिया है! भूखे गीदड़ के हाथ से शिकार निकल गया था, अब उसे अपनी मूर्खता पर पछतावा हो रहा था।

शिक्षा – चालाक के साथ बल का नहीं बुद्धि का उपयोग करें।

गीदड़ और ऊँट

बहुत पुरानी बात है। एक जंगल में दो पक्के दोस्त रहते थे। एक था गीदड़ और दूसरा था ऊँट। गीदड़ काफ़ी चालाक था और ऊँट सीधा-सादा। दोनों घंटों नदी के किनारे बैठकर अपना सुख-दुख बाँटते थे। दिन गुज़रते गए और उनकी दोस्ती गहरी होती गई।

एक दिन किसी ने गीदड़ को बताया कि पास के खेत में पके हुए तरबूज़ हैं। यह सुनते ही गीदड़ का मन ललचा गया, लेकिन वो खेत नदी के उस पार था। अब नदी को पार करके खेत तक पहुँचना उसके लिए मुश्किल था। इसलिए, वह नदी पार करने की तरकीब सोचने लगा।

सोचते-सोचते वह ऊँट के पास चला गया। ऊँट ने दिन के समय गीदड़ को देखकर पूछा, “मित्र, तुम यहाँ कैसे? हम तो शाम को नदी किनारे मिलने वाले थे।” तब गीदड़ ने बड़ी ही चालाकी से कहा, “देखो मित्र, पास के खेत में पके तरबूज़ हैं। मैंने सुना है तरबूज़ बहुत मीठे हैं। तुम उन्हें खाकर खुश हो जाओगे। इसलिए, तुम्हें बताने चला आया।”

ऊँट को तरबूज़ काफ़ी पसंद था। वह बोला, “वाह! मैं अभी उस पार जाता हूँ। मैंने बहुत समय से तरबूज़ नहीं खाए हैं।”

ऊँट जल्दी-जल्दी नदी पार करके खेत में जाने की तैयारी करने लगा। तभी गीदड़ ने कहा, “दोस्त, तरबूज़ मुझे भी अच्छे लगते हैं, लेकिन मुझे तैरना नहीं आता है। तुम तरबूज़ खा लोगे, तो मुझे लगेगा कि मैंने भी खा लिए।”

तभी ऊँट बोला, “तुम चिंता मत करो, मैं तुम्हें अपनी पीठ पर बैठाकर नदी पार कराऊँगा। फिर साथ में मिलकर तरबूज़ खाएंगे।”

ऊँट ने जैसा कहा था वैसा ही किया। खेत में पहुँच कर गीदड़ ने मन भरकर तरबूज़ खाए और खुश हो गया। खुशी के मारे वह ज़ोर-ज़ोर से आवाज़ें निकालने लगा। तभी ऊँट ने कहा, “तुम शोर मत मचाओ” लेकिन वो माना नहीं।

गीदड़ की आवाज़ सुनकर किसान डंडे लेकर खेत में आ गए। गीदड़ चालाक था, इसलिए जल्दी से पेड़ों के पीछे छुप गया। ऊँट का शरीर बड़ा था, इसलिए वो छुप नहीं पाया। किसानों ने गुस्से के मारे उसे बहुत मारा।

किसी तरह अपनी जान बचाते हुए ऊँट खेत के बाहर निकला। तभी पेड़ के पीछे छुपा गीदड़ बाहर आ गया। गीदड़ को देखकर ऊँट ने गुस्से में पूछा, “तुम इस तरह क्यों चिल्ला रहे थे?”

गीदड़ ने कहा कि मुझे खाने के बाद चिल्लाने की आदत है, तभी मेरा खाना पचता है।

इस जवाब को सुनकर ऊँट को और गुस्सा आ गया। फिर भी वह चुपचाप नदी की ओर बढ़ने लगा। नदी के पास पहुँचकर उसने अपनी पीठ पर गीदड़ को बैठा लिया।

इधर ऊँट को मार पड़ने से मन-ही-मन गीदड़ मन ही मन ख़ुश था। उधर नदी के बीच में पहुँचकर ऊँट ने नदी में डुबकी लगानी शुरू कर दी। गीदड़ डर गया और बोलने लगा, "यह क्या कर रहे हो?"

ऊँट ने गुस्से में कहा, "मुझे कुछ खाने के बाद उसे हज़म करने के लिए नदी में डुबकी मारनी पड़ती है।"

गीदड़ को समझ आ गया कि ऊँट उसके किए का बदला ले रहा है। बहुत मुश्किल से गीदड़ पानी से अपनी जान बचाकर नदी किनारे पहुँचा।

उस दिन के बाद से गीदड़ ने कभी भी ऊँट को परेशान करने की हिम्मत नहीं की।

शिक्षा – जो जैसा करता है उसे वैसा ही भरना होता है।

मंत्री की खोज

किसी जंगल में एक शेर रहता था। एक दिन शेर ने जंगल के सभी जानवरों की सभा बुलाई। सभा में चिड़िया, हाथी-घोड़े, चीता, लोमड़ी बत्तख, मेंढक सब आए। शेर एक पत्थर पर बैठ गया और कहने लगा कि मैं इस जंगल का राजा हूं और हर राजा का एक मंत्री होता है।

मैंने तुम सबको यहां इसलिए बुलाया है कि मैं तुम सब में से किसी एक को अपना मंत्री चुन सकूँ। जो मेरे पास गद्दी पर बैठेगा और इस जंगल को चलाएगा।

यह सुनकर सबसे पहले हाथी ने कहा मैं बड़ा और मजबूत हूं। मैं तुम्हारे लिए फल और पत्तियां तोड़ कर ला सकता हूँ। इसीलिए मैं तुम्हारे राज्य को संभाल सकता हूँ। तुम मुझे अपना मंत्री बना लो। शेर ने कहा ठीक है।

चीते ने कहा मैं सबसे मजबूत हूँ। मैं तुम्हारे लिए जानवरों को मारकर ताजा-ताजा मांस ला सकता हूँ। इसीलिए मैं तुम्हारा मंत्री बनने लायक हूँ। बाज ने कहा- जंगल के राजा मैं बहुत ताकतवर चिड़िया हूं। मैं आसमान में उड़ सकती हूं और तुम्हारे जंगल को आसमान से ही अच्छी तरह देख सकती हूँ। मैं तुम्हारा मंत्री बनने लायक हूँ।

छोटी चिड़िया ने कहा- मैं छोटी-सी चिड़िया हूँ। मैं उड़ सकती हूं और पानी में भी तैर सकती हूँ। तुम्हारे जंगल में जितने भी नदी और तालाब हैं, मैं उनसे तुम्हारे लिए अच्छी-अच्छी मछली ला सकती हूँ। इसलिए मैं तुम्हारा मंत्री बनने लायक हूँ।

उसके बाद मेढ़क उछला और बोला, हे जंगल के राजा मैं धरती और पानी दोनों में रह सकता हूँ और मैं तुम्हारे राज्य को अच्छी तरह संभाल सकता हूँ। तुम मुझे अपना मंत्री बना लो।

इतने में लोमड़ी ने कहा- जंगल के राजा, मैं न बड़ी हूँ, न बहुत मजबूत हूँ पर मैं सबसे ज्यादा चालाक हूँ। मैं न तो उड़ सकती हूँ न तैर सकती हूँ पर मैं चालाकी से तुम्हारे लिए जानवरों को मार-मारकर ला

सकती हूँ। और मंत्री को चालाक होना चाहिए। इसीलिए तुम मुझे अपना मंत्री बना लो।

शेर ने सब की बातों को सुना और कहा कि तुम सब अपने आप में बहुत अच्छे हो। लेकिन मैं निश्चित नहीं कर पा रहा हूं कि किसे अपना मंत्री बनाऊं?

इसलिए अच्छा है कि मैं अकेला ही रहूँ। मैं बिना मंत्री का राजा होना पसंद करूँगा।

जब तुम सब तो इतने होशियार हो तो फिर मुझे मंत्री की ज़रूरत ही क्या?

शिक्षा – धूर्तों के साथ भलाई नहीं चतुराई का उपयोग करें।

गाँव का कंजूस

किसी गांव में एक कंजूस रहता था। वह बहुत चिंता में था। उसके पिता मरते समय, सोने से भरा वर्तन छोड़ गए थे। कंजूस अपने सोने को किसी सुरक्षित जगह पर रखना चाहता था। अंत में उसे एक तरकीब सूझी। उसने सोने को पिघलाकर बड़े टुकड़े में बदला और ऐसी जगह छिपाने की सोची, जिसे उसके सिवा कोई दूसरा न जान सके।

वह एक रात जंगल में गया और एक अच्छी सी जगह देखकर वहां सोने को गाड़ दिया। अब उसे तसल्ली हो गई कि उसके सोने का कोई कुछ नहीं बिगाड़ सकता। वह अक्सर वहां जाता रहता था।

कंजूस के दोस्त को अपने मित्र के इस बर्ताव पर संदेह होने लगा। एक दिन, जब वह अपने सोने की जांच करने गया तो उसके दोस्त ने उसका पीछा किया। जब उसे यह पता चला कि वहां सोना छिपा हुआ है तो एक दिन मौका पाते ही उसने वहां से सोना निकाल लिया। जब कंजूस

अगली बार जंगल में गया तो उसने पाया कि कोई उसका सोना निकाल ले गया था। वह रोते-रोते गांव में वापिस लौटा। उसे बच्चों की तरह रोता देख, उसके दोस्त ने तसल्ली देनी चाही, "क्या हुआ दोस्त ? तुम रो क्यों रहे हो?" कंजूस ने अपने मित्र को जंगल में छिपाए सोने के बारे में बताया। और कहने लगा कि अब उसका सोना चोरी हो गया और उसके हाथ से हमेशा के लिए निकल गया था। जब वह और ज़ोर से रोने लगा तो उसके दोस्त ने कहा, "कम से कम कोई उसका प्रयोग तो कर रहा है। तुम्हारे पास तो पहले से ही बहुत कुछ है। तुम अपने उस खाली बर्तन में एक पत्थर डाल कर वहीं गाड़ दो। इस तरह तुम्हें लगता रहेगा कि तुम्हारा सोना वहीं सुरक्षित पड़ा है।"

शिक्षा – जिस धन को व्यय न करना पड़े वह भार के समान है।

खलीफा और मसखरा

बगदाद का खलीफा बहुत ही अभिमानी था। लेकिन उसे हँसी-मजाक भी उतना ही पसंद था। उसके दरबार में एक मसखरा था। वह हमेशा अपनी बातों से खलीफा का दिल बहलाया करता। खलीफा उसकी बहुत कद्र था और यह देख कर, दरबार के दूसरे लोग भी मसखरे को मान देने लगे थे।

एक दिन खलीफा अपने बाग में टहल रहा था कि उसे अपने महल की ओर से किसी के रोने का आवाज़ सुनाई पड़ी। वह भाग कर पहुँचा तो पाया कि दरबान मसखरे की पिटाई कर रहे थे।

"इसने किया क्या है? मैं कहता हूं कि इसे मारना बंद करो।"

दरबान बहुत गुस्से में थे, "हम इसे माफ नहीं कर सकते। यह बहुत ढीठ हो गया है।"

"पर इसने ऐसा किया क्या है?" खलीफा ने पूछा

दरबान ने अपना सिर झुका कर कहा, "हुजूर! यह बगदाद के सिहांसन पर बैठा था।"

"यह इतना बड़ा अपराध है कि तुम उसे मार-मार कर अधमरा कर दोगे, मैं खुद देख लूंगा।" खलीफा ने कहा

जब वे चले गए तो खलीफा ने मसखरे से पूछा, "तुम मुझे बताओ कि तुमने ऐसा क्यों किया?" मसखरा अब भी रो रहा था, " मैंने कहा तुम्हें कोई नहीं मारेगा। तुम बताओ कि तुमने ऐसा क्यों किया? बताओ कि तुम उस सिंहासन पर क्यों बैठे?"

"हुजूर! मैं अपने लिए नहीं रो रहा।" मसखरे ने सुबकियाँ भरते हुए कहा, " मैं तो आपके लिए रो रहा था।"

खलीफा दंग रह गया।

"मेरे लिए, क्यों?"

" महाराज ! ज़रा सोचें कि अगर उस पर कुछ पल बैठने से मेरा ये हश्र हुआ है तो आपका क्या होगा, आप तो इस पर सालों से बैठते आ रहे हैं।"

खलीफा अपनी हँसी नहीं रोक पाये।

शिक्षा – हाजिरजवाबी भी एक कला है।

जादुई छड़ी

एक बार बादशाह अकबर के राज्य में चोरी हुई। चोर ने एक व्यापारी के घर से बहुत ही कीमती सामान चुरा लिया था। उस व्यापारी को इस बात पर पूरा विश्वास था कि चोर उसी के 10 नौकरों में से कोई एक है। पर वह यह नहीं जानता था की वह कौन है।

यह जानने के लिए की चोर कौन है, वह व्यापारी बीरबल के पास गया और उसने बीरबल से मदद माँगी। बीरबल ने भी इस बात पर हाँ कर दिया। और अपने सिपाहियों से कहा कि सभी नौकरों को जेल में डाल दिया जाये।

यह सुनते ही उसी दिन सिपाहियों द्वारा सभी नौकरों को पकड़ लिया गया। बीरबल ने सबसे पूछा कि चोरी किसने किया है। परन्तु किसी ने भी यह मानने को इनकार कर दिया की चोरी उसने किया है।

बीरबल ने थोड़ी देर सोचा, और कुछ देर बाद वह दस समान लम्बाई की छड़ी ले कर आये। और सभी चुने हुए लोगों को एक-एक छड़ी पकड़ा दिया। पर छड़ी पकड़ातेते हुए बीरबल नें एक बात कही ! उस इंसान की छड़ी दो इंच बड़ी हो जाएगी, जिस व्यक्ति नें यह चोरी की है। यह कह कर बीरबल चले गए और अपने सिपाहियों को निर्देश दिया की सुबह तक उनमें से किसी भी व्यक्ति को छोड़ा न जाये।

जब बीरबल ने सुबह सभी नौकरों की छड़ी को ध्यान से देखा तो पता चला उनमें से एक नौकर की छड़ी दो इंच छोटी थी। यह देखते ही बीरबल ने कहा - यही है चोर।

बाद में यह देख कर उस व्यापारी नें बीरबल से प्रश्न किया कि कैसे उन्हें पता चला की चोर वही है। बीरबल नें कहा कि चोर नें अपने छड़ी के दो इंच बड़े हो जाने के डर से रात के समय ही अपने छड़ी को दो इंच छोटा कर दिया था।

शिक्षा – चोर हमेशा भयभीत रहता है।

बड़बोला मेंढ़क

किसी दिन एक नन्हा मेढक बड़ी तेज़ी से भागते और कूदते-फाँदते पिता के पास आया। उस समय उसके पिता तालाब के पास एक लट्ठे पर बैठे सुस्ता रहे थे।

उसने डर के मारे गिरते-गिरते कहा, "ओह पिता जी, मैंने अभी -अभी एक बहुत बड़ा राक्षस देखा है।"

"राक्षस?" मेंढक के पिता ने हैरानी से कहा, "कैसा राक्षस, बच्चे?"

"वह बहुत बड़ा था। इत्ता बड़ा! पहाड़ जितना बड़ा। और उसके सिर पर दो नुकीली सींग भी थी।" नन्हा मेढक बेचारा काँपने लगा था।

"ओफ्फ़! कुछ भी बहुत बड़ा नहीं होता। मैं भी तुम्हारे उस राक्षस जितना बड़ा हो सकता हूँ। दरअसल तुम जिस राक्षस की बात करते हो वह और कोई नहीं किसान का बैल है।"

"ओह! मैं पक्का नहीं कह सकता। पिता जी, वह सचमुच बहुत बड़ा था।"

अब पिता मेढक को अपना अपमान सहन नहीं हुआ। भला उसका अपना बेटा यह कैसे सोच सकता है कि कोई मुझसे बड़ा हो सकता है? नहीं! नहीं! नहीं! उसे अपने बेटे को गलत साबित करना होगा। उसने गहरी साँस ली और छाती फुलाई।

"क्या वह इससे भी बड़ा था?" पिता मेढक ने पूछा।

तबतक वह बैल खेत की मेड़ तक आ चूका था और छोटा मेढक उसे देख सकता था, "ओह पिता जी, वह इससे बहुत बड़ा है।"

इसपर मेढक पिता ने अपनी देह को और फुलाया। फिर अपनी छाती, गला और पैर फुलाकर बोला, "इतना बड़ा होगा!"

छोटा मेढक बोला, "पिता जी, वह इतना बड़ा था कि आप उसके आगे कुछ नहीं हैं।"

फिर पिता मेढक ने अहंकार में आकर अपनी फूली हुई देह में इतनी हवा भर ली कि बात हद से बाहर हो गयी।

उसका पेट ही फट गया।

शिक्षा – अहंकार आत्मघाती होता है।

गिलहरी और पर्वत

एक गिलहरी पर्वत के समीप खेल रही थी। जिस तरह वह उछल-कूद कर रही थी। उसे देखकर ही पता चलता था कि वह बहुत खुश है। पर्वत ने गिलहरी को देखकर कहा, "ओह बेचारी, देखो किसी काम की नहीं है। फिर भी कैसे उछलती-कूदती फिर रही है।

हालांकि गिलहरी इन बातों से अनजान अखरोट तोड़ कर खाने व डालियों पर खेलने में लगी रही। गिलहरी की इस नकली खुशी को देख कर पर्वत गरजा, "नन्ही गिलहरी! मुझे तो समझ

नहीं आता कि तुम्हें किस बात की इतनी खुशी है। तुम इतनी छोटी हो कि किसी की मदद तक नहीं कर सकती। ज़रा मेरी ओर देखो! मैं कितना बड़ा हूँ, मैं बादलों को एक ओर रोक सकता हूँ, जब भी चाहूँ, उन्हें अपने से टकराने की इजाजत दे कर, वर्षा करवा सकता हूं।" गिलहरी ने विनम्रता से उत्तर दिया "बेशक तुम बहुत बड़े हो और बड़े-बड़े काम कर सकते हो और मैं नहीं कर सकती। हालांकि ऐसे बहुत से काम हैं जो तुम नहीं कर सकते और मैं कर सकती हूं। यह जीवन ऐसा ही है।" पर्वत को यह सुनकर गुस्सा आ गया और उसने चुनौती दी, "ऐसा लगता है कि तुम मुझसे ज्यादा जानती हो। नन्ही गिलहरी ! जाओ, जा कर उन कामों की सूची बना कर लाओ, जो मैं नहीं कर सकता..... ।"

गिलहरी मुस्कुरा कर बोली, "श्रीमान पर्वत! मैं देखना चाहूंगी कि आप मेरी तरह अखरोट तोड़ सकते हो या नहीं, पेड़ों की शाखाओं पर छलां लगा सकते हो या नहीं, या एक ही झटके में उनसे उतर सकते हो ... ? जरा सोचिए, आप तो इनमें से ऐसा कुछ नहीं कर सकते, क्योंकि आप मेरी तरह छोटे नहीं हैं।" पर्वत को कोई जवाब नहीं सूझा। वह अब समझ चुका था कि हमें कभी किसी के आकार का मजाक नहीं उड़ाना चाहिए।

शिक्षा – हर प्राणी अपने-आप में अनूठा होता है।

उल्लू और बाज़

एक बार उल्लू और बाज़ में दोस्ती हो गयी। दोनों साथ बैठकर ख़ूब बातें करते। बाज़ ने उल्लू से कहा कि अब जब हम दोस्त बन ही गए हैं, तो मैं तुम्हारे बच्चों पर कभी हमला नहीं करूँगा और न ही उन्हें खाऊंगा। लेकिन मेरी समस्या यह है कि मैं उन्हें पहचानूंगा कैसे कि ये तुम्हारे ही बच्चे हैं?

उल्लू ने कहा कि तुम्हारा बहुत-बहुत शक्रिया दोस्त। मेरे बच्चों को पहचानना कौन-सा मुश्किल है भला। वो बेहद ख़ूबसूरत हैं, उनके सुनहरे पंख हैं और उनकी आवाज़ एकदम मीठी-मधुर है। बाज़ ने कहा ठीक है दोस्त, मैं अब चला अपने लिए भोजन ढूंढ़ने। बाज़ उड़ते हुए एक पेड़ के पास गया। वहां उसने एक घोंसले में चार बच्चे देखे। उनका रंग काला था, वो ज़ोर-ज़ोर से कर्कश

आवाज़ में चिल्ला रहे थे। बाज़ ने सोचा न तो इनका रंग सुनहरा, न पंख, न ही आवाज़ मीठी-मधुर, तो ये मेरे दोस्त उल्लू के बच्चे तो हो ही नहीं सकते। मैं इन्हें खा लेता हूं।

बाज़ ने उन बच्चों को खा लिया।

इतने में ही उल्लू उड़ते हुए वहां पहुंचा और उसने कहा कि ये क्या किया, ये तो मेरे बच्चे थे।

बाज़ हैरान था कि उल्लू ने उससे झूठ बोलकर दोस्ती को भी धोखा दिया। वह वहाँ से चला गया।

उल्लू मातम मना रहा था। तभी एक कौआ आया और उसने कहा कि अब रोने से क्या फ़ायदा, तुमने बाज़ से झूठ बोला, अपनी असली पहचान छिपाई और इसी की तुम्हें सज़ा मिली।

शिक्षा – कभी भी दोस्तों को धोखा देने की कोशिश नहीं करनी चाहिए।

गधे की छाया

बहुत पुरानी बात है। एथेंस में एक युवक ने कहीं जाने के लिए एक गधा किराए पर लिया। गधे का मालिक भी साथ-साथ गया। उस दिन बड़ी भीषण गरमी थी। युवक ने सोचा, थोड़ी देर गधे की छाया में लेटकर आराम करना चाहिए। उसने चादर बिछाई, और जमीन पर जहाँ गधे की छाया पड़ रही थी, वहाँ लेटकर आराम करने लगा।

थोड़ी देर में गधे के मालिक ने आकर कहा, "इस छाया में मैं भी लेटूंगा।"

युवक ने ऐतराज करते हुए कहा, "लेकिन मैंने गधा किराए पर लिया है, तो छाया भी मेरी हुई। तुम यहाँ क्यों लेट रहे हो?"

मालिक ने कहा, "तुमने किराया गधे पर सवारी का दिया है, छाया का तो दिया नहीं इसलिए गधे की छाया पर मेरा हक है।"

इस बात पर दोनों जोर-जोर से लड़ने लगे। इससे घबराकर वह गधा न जाने कब वहाँ से भाग खड़ा हुआ।

थोड़ी देर बाद उन्होंने देखा कि गधा तो यहाँ है ही नहीं, जिसकी छाया को लेकर वे झगड़ रहे हैं।

शिक्षा – झगड़े से किसी को फायदा नहीं होता।

बुद्धिमान मछुआरा

किसी गाँव में एक मछुआरा रहता था। वह रोज मछली पकड़ने जाता था। एक दिन की बात है, वह मछली पकड़ने नदी के किनारे गया। मछुआरे ने पहला जाल नदी में फेंका तो कुछ मछलियां फँसीं। उसने फिर जाल फेंका। इस बार उसके जाल में मछली के साथ–साथ एक कांच की बोतल भी आयी। मछुआरे ने उस बोतल को खोला तो उस बोतल में से धुआँ निकलने लगा। और देखते ही देखते वह एक भूत बन गया।

यह देख मछुआरा डर गया। वह भूत बहूत डरावना था। उस भूत ने बोला कि बहुत साल पहले एक तांत्रिक ने मुझे इस बोतल में कैद कर

दिया था। तुमने यह बोतल खोलकर मुझे आजाद कर दिया। मैं आजाद हूँ, ये सिर्फ तुम जानते हो इसलिए अब में तुम्हे मार दूंगा। मछुआरा पहले ही बहूत डरा हुआ था। अब तो उस भूत ने उसे मारने की बात भी बोल दी।

मछुआरे ने सोचा अब कैसे बचा जाये? फिर उसने कुछ सोच कर बोला – भूत ठीक है तुम मुझे मार देना लेकिन एक बात मैं पूछना चाहता हूँ। भूत ने डरावने स्वर में कहा- ठीक है, पूछो।

मछुआरे ने पूछा– अच्छा बताओ की तुम इतने बड़े भूत इस बोतल मे कैसे घुस गये?

भूत आजाद होने की ख़ुशी में बिना सोचे बोला– यह देखो कैसे और भूत काला धुँआ बन कर फिर से बोतल में घुस गया।

मछुआरे ने जल्दी से बोतल को बंद किया और उस बोतल को नदी में फेक दिया, और खुशी–खुशी मछली लेकर अपने घर वापस आ गया।

शिक्षा – जान बचाने वाले का शुक्रगुज़ार रहो।

मुनाफे का सौदा

किसी गाँव में एक किसान रहता था। वह ग़रीब लेकिन बहुत बुद्धिमान था। एक दिन जब किसान अपने खेत में पहुँचा तो वहां एक बौने को देख कर उसे बहुत खुशी हुई।

बौना एक टीले पर बैठा था।

सभी जानते हैं कि बौने गड़े हुए खजानों के रक्षक होते हैं। तो किसान को पूरा यकीन हो गया कि कहीं न कहीं उसके खेत में भी कोई खजाना गड़ा है, तभी वह बौना उसकी रखवाली कर रहा है।

जब बौने ने भी उसे बताया कि उसके खेत में खजाना गड़ा है, तो किसान खुशी से उछल पड़ा। वाह! तब तो वह सारा खजाना मेरा होगा क्योंकि यह खेत भी मेरा है।

बौने ने इस बारे में सोचा और बोला, “ठीक है, अगर तुम मुझे अगले दो सालों में, अपनी फसल का आधा हिस्सा देने की हामी भरो तो मैं सारा खजाना तुम्हें दे दूंगा।”

किसान बौने की शर्त पर विचार करता रहा और फिर बोला, ठीक है, मैं जो भी उगाऊंगा, उस फसल में ऊपर का आधा हिस्सा तुम्हारा और नीचे का हिस्सा मेरा होगा। इसके बदले में वह खजाना मेरा हो जाएगा।

बौने ने हामी भर दी। उसे लगा कि फसल तो ऊपर वाले हिस्से में ही होती है, इसिलए उसने अक्लमंदी का सौदा किया है। परंतु किसान भी कम चालाक नहीं था। उसने खेत में आलू बो दिए।

पहले ही साल में खेत में आलू की फसल हुई। बौने के सामने फसल के दो हिस्से किए गए। उसे देखकर बौने को बहुत निराशा हुई। उसे किसान के इस बर्ताव से दुख भी हुआ और वह वहां से चला गया। उसने सोच लिया था कि वह लौटकर किसान के खेत में नहीं आएगा।

बौने के जाते ही किसान ने सारा खेत खोद डाला और उसे गड़े हुए खजाने का पता मिल गया।

शिक्षा – बुद्धिमत्ता एक उपहार है।

मक्कार भेड़िया

किसी जंगल में एक भेड़िया रहता था। वह बहुत देर से जंगल में खाने के लिए कुछ खोज रहा था। वह बहुत देर तक भटकता रहा पर उसे खाने को कुछ नहीं मिला। अंत में वह चलते-चलते जंगल के छोर तक आ गया। उसे गांव के खेत दिखाई देने लगे।

वह चलते-चलते गेहूँ के खेतों तक आ गया। उसे गेहूँ बिलकुल पसंद नहीं था। वह वहां से निकलने ही वाला था कि उसे खेत में एक घोड़ा चरता दिखाई दिया।

भेड़िए ने देखा कि वह एक पांव से लंगड़ा रहा था।

यह सोच कर उसके मुंह में पानी आ गया कि 'यह घोड़ा लंगड़ाने के

कारण तेज नहीं चल पाएगा और मैं आसानी से इसे अपना आहार बना लूंगा।'

इस तरह सोचते हुए वह उस घोड़े के पास जा कर बोला, "श्रीमान घोड़े! आपके क्या हालचाल हैं?"

घोड़ा उसके सामने ही चरता रहा और बोला, " मैं तो मजे में हूँ पर आप यहाँ कैसे?"

" मैं तो यहाँ से बस निकल ही रहा था... आपकी टांग देखी, क्या हुआ आपको, आप लंगड़ा क्यों रहे हैं?"

"बहुत दर्द हुआ। मेरे खुर में एक कील घुस गयी थी। उसे निकाल तो दिया गया है, पर अभी घाव भरने में थोड़ा वक्त लगेगा।" घोड़े ने जवाब दिया।

"आप मुझे देखने दें कि पैर में क्या हुआ है।" घोड़ा समझ गया कि धूर्त भेड़िया क्या चाहता था पर उसने उसे सबक सिखाने की ठान ली।

ज्यों ही भेड़िया उसका पांव देखने के लिए झुका तो घोड़े ने उसके मुंह पर जोरदार लात दे मारी।

तब से भेड़िया कभी जंगल से बाहर नहीं आता।

शिक्षा – दूसरों को मूर्ख बनाने की कोशिश नहीं करनी चाहिए।

कटी ऊँगली वाला राजा

बहुत पुरानी बात है। एक राजा था। राजा बहुत ही गुस्सैल स्वभाव का था। राजा का एक मंत्री था वह बहुत ही ज्ञानी और चतुर था। राजा जब भी कहीं बाहर जाता मंत्री हमेशा उसके साथ ही रहता था। मंत्री अक्सर एक ही बात कहता था - "भगवान जो भी करते हैं अच्छे के लिए करते हैं।"

एक दिन की बात है। राजा कुछ कार्य कर रह था। तभी राजा की ऊँगली में कुछ लग जाने से राजा की ऊँगली कट गई। राजा को बहुत दर्द हो रहा था। पास में मंत्री जी भी खड़े हुए थे तभी मंत्री जी बोले राजन चिंता न करिए, सब ठीक हो जायेगा। भगवान जो भी करते हैं, अच्छे के लिए ही करते हैं।"

राजा की उंगली में बहुत तेज दर्द हो रहा था और मंत्री की इस तरह की बात सुनकर राजा आग बबूला हो गया और मंत्री को जेल में डालने का आदेश दे दिया। राजा का आदेश पाकर सैनिकों ने मंत्री को पकड़ लिया।

राजा ने मंत्री से पूछा - "मंत्री जी! अब आप जेल जा रहे हो क्या अब भी आप यही कहोगे?"

मंत्री जी जेल जाते-जाते भी बोले - "भगवान जो भी करते हैं अच्छे के लिए ही करते हैं।"

कुछ दिनों बाद एक दिन राजा शिकार खेलने जंगल गया। तभी एक हिरन का पीछा करते-करते राजा अपने सैनिकों से बिछड़ गया और जंगल में काफी अंदर चला गया। जंगल के अंदर एक आदिवासी कबीले

के लोगों ने राजा को पकड़ लिया और उसकी बलि देने के लिए कबीले के मुखिया के पास ले गए।

कबीले के मुखिया ने राजा को बलि के लिए तैयार करके लाने के लिए कहा। कबीले के लोगों ने राजा को नहला-धुला कर बलि के लिए तैयार किया और बलि वाले स्थान पर ले गए। राजा बहुत घबराया हुआ था, क्योंकि वह बिल्कुल अकेला ही था और उसके सैनिक बिछड़ चुके थे। अब उसकी सहायता करने वाला यहां कोई नहीं था। उसे सिर्फ और सिर्फ भगवान पर भरोसा था।

जैसे ही राजा की बलि दी जाने वाली थी तभी कबीले के मुखिया ने बलि को रोकते हुए कहा - "इस व्यक्ति की बलि नहीं दी जा सकती क्योंकि इसकी एक उंगली कटी हुई है। और खंडित व्यक्ति की बलि नहीं दी जाती।"

कबीले के लोगों ने राजा को छोड़ दिया। राजा को समझ आ गया कि ईश्वर जो करता है वह अच्छे के लिए ही करता है। अगर उस दिन राजा की उंगली नहीं कटी होती तो आज उसकी बलि दे दी जाती। जंगल से निकलकर राजा किसी तरह अपने महल में पहुँचा और मंत्री को बुलाकर पूछा - "मंत्री जी ! अब मैं भी यह मानने लगा हूं कि 'ईश्वर जो करते हैं अच्छे के लिए करते हैं' किंतु मैंने आपको इस महल से निकाल कर जेल भेज दिया तो इसमें आपके लिए क्या अच्छा हुआ?"

मंत्री ने कहा - "महाराज ! जिस प्रकार भगवान ने आपकी उंगली काट कर आपको बलि से बचा लिया उसी प्रकार मुझे जेल भेजकर मेरे प्राण बचा लिए।"

राजा पूछता है- "भला वह कैसे?"

मंत्री ने कहा- "महाराज ! मै हमेशा आपके सांथ रहता था, अगर आप मुझे जेल न भेजते तो मैं भी आपके साथ शिकार के लिए जाता और कबीले के लोग अवश्य ही मेरी बलि दे देते क्योंकि मेरा कोई भी अंग खंडित नहीं है।

शिक्षा – दंड और शाप भी आशीर्वाद बन सकता है।

शेर और चूहा

किसी जंगल में एक शेर रहता था। एक दिन वह भोजन करने के बाद एक पेड़ के नीचे सो गया। उसी पेड़ के नीचे एक चूहे का बिल था।

चूहा अपने बिल से बाहर निकला और उसने शेर की पूँछ को देखा, वह उस पूँछ पे चढ़ कर खूब उछलने कूदने लगा। वह चूहा शेर की पूँछ पर चढ़ाता और पूँछ के ऊपर से सरकता हुआ नीचे आता।

इस उछल-कूद से शेर की नींद खुल गई। उसने झट से चूहे को अपने नाख़ून दार पंजो में पकड़ लिया। उस शेर ने कहा तुम्हारी इतनी हिम्मत की तुमने मेरी नीद को ख़राब की।

अब बताओ मैं तुम्हारे साथ क्या करूँ?

चूहे ने डरते हुए कहा, महाराज! मुझे माफ़ कर दीजिए, मैं दोबारा ऐसी गलती नहीं करुगा।

मैं आपकी इस दया को कभी नहीं भूलूँगा। इसके बदले मैं आपकी कुछ सहायता जरूर करूँगा। इस पर शेर ने कहा, तुम इतने छोटे जीव मेरी क्या सहायत क्या करोगे!

अच्छा चलो मैं तुम्हें छोड़ देता हु। इस तरह उस चूहे की जान बच गई।

कुछ ही दिन बाद शेर एक जल में फँस गया। वह जाल शिकारियों के द्वारा बिछाई गई थी। उस जाल में फँसने के बाद शेर बड़ी जोर जोर से दहाड़ने लगा।

यह दहाड़ जंगल के सभी जानवर सुन रहे थे। यह आवाज चूहे को भी सुनाई पड़ी। बिना कुछ सोचे वह उस आवाज की तरफ दौड़ा और शेर के पास पहुँच गया।

उसने शेर से कहा, आप डरिए मत, मैं इस जाल को काट कर आपको आजाद कर दूंगा। इसके बाद चूहे ने जाल काटना शुरू कर दिया।

कुछ ही देर में चूहा उस जाल को काट कर शेर को आजाद कर दिया। शेर ने कहा, “तुम वही चूहे हो न जिसे मैं मारने वाला था।” चूहे ने कहा, “जी! महाराज”।

शेर को अपने व्यवहार पर बहुत पछतावा हो रहा था। उसने चूहे से कहा तुम सही कह रहे थे। आज तुम मेरी सहायता नही करते तो मेरी जान नहीं बचती। अब आज से हम दोनों दोस्त हुए।

शिक्षा – उपकार का बदला उपकार से ही चुकाया जा सकता है।

बलिदान

बहुत समय पहले की बात है, एक व्यक्ति भगवान के सामने देने के लिए तैयारी कर रहा था। बकरियां और भेड़ों को एक साथ कत्ल करने के लिए खरीदा गया था।

जब बलि देने का दिन आया, तो भगवान ने मनुष्य से मुलाकात की और उन्होंने काई चीजों पर चर्चा की। अंत में भगवान ने, मनुष्य की पवित्रता के बारे में बात की।

भगवान ने कहा, "जीवो को कत्ल करना पाप है। किसी भी निर्दोष जीव को कत्ल करके, आपको पापों और भ्रमों से छुटकारा नहीं मिल सकता है।"

भगवान का वचन, मनुष्य की आत्मा में उतर तक गया। वह समझ गया कि, "शुद्ध दिल और ईमानदारी तरीकों से भगवान की पूजा करना, बलि से कई अधिक मूल्य है।"

व्यक्ति ने

फैसला किया, कि उन जानवरों को आजादी दी जानी चाहिए। और कत्ल करने के बजाए, उन्हें अपनी मर्जी से अपनी जिंदगी जीने के लिए आजाद छोड़ देना चाहिए।

शिक्षा – किसी भी निर्दोष प्राणी को नहीं मारना चाहिए।